Las crónicas de Christian Grace

Honrando mis límites

Por Terence y Eardie Houston

Ilustrado por Laura Acosta

Editado por Megan Louw

TDR Brands Publishing

Copyright © 2017 Living Life with the Houston's

Todos los derechos reservados. Ninguna parte de este libro puede ser reproducido o transmitido en ninguna forma y por ningún medio, electrónico o mecánico, incluyendo fotocopiado y grabado en ningún tipo de almacenamiento, exceptuando los usos permitidos expresados por el Acta de Copyright de 1976 o permitidos por escrito por el editor. Permisos escritos deben ser enviados a:

Living Life with the Houston's
14019 SW Freeway
Suite 301-197
Sugar Land, TX 77478

Visita www.livinglifewiththehoustons.com

Impreso en Estados Unidos de América

ISBN 978-1-947574-35-9

Mujeres y modelos parentales que admiro tanto: Mrs. Michelle Obama, Dr. Chanta Haywood y Dr. Angela Hill.

Las crónicas de Christian Grace

Honrando mis límites

Honrando mis límites

Christian y el resto de la familia Houston iban a una fiesta de cumpleaños del primo de Christian. Cuando llegaron, Christian vio que muchos de los miembros de su familia estaban allí. Había primos, abuelos, tías y tíos.

Mientras Christian saludaba a todos, su tía Helen dijo—¡Oh, mira a mi gran niña! ¡Ven aquí, Christian, y dame un abrazo!— A Christian le agradaba la tía Helen pero hoy no sentía ganas de abrazarla. Se volvió hacia la tía Helen y dijo—No, gracias—con respeto.

Mamá miró a Christian y asintió con una sonrisa. Cuando Christian se fue a jugar con sus hermanos y primos, mamá se volvió hacia la tía Helen,—Christian está aprendiendo sobre los límites—mamá explicó—Le enseñamos a los niños que no tienen que dar cariño a nadie si no quieren. Es su elección. Ella lo está probando a medida que aprende la lección. Sé qué es un poco incomodo...

La tía Helen le sonrió a mamá y dijo—Está bien. Creo que es una buena lección para enseñarles.

Cuando Christian y su familia llegaron a casa más tarde esa noche, era la hora del baño. Christian amaba la hora del baño! Ella tenía muchos juguetes con los que jugaba mientras se bañaba, como su pato amarillo de goma y sus dinosaurios de juguete, ¡Y a veces mamá la dejaba usar un poco de sus burbujas especiales! Christian jugaba y cantaba mientras mamá estaba sentada a un lado de la bañera.

Mamá soltó una risita al ver a Christian completamente cubierta de burbujas—¡Christian, parece que estás divirtiendo mucho!—dijo mamá.

Christian inspiró profundamente y luego sopló algunas burbujas que había sobre su nariz—¡Sí, me estoy divirtiendo mucho, mami!—ella respondió—Me encanta la hora del baño.

—A mi también—Mamá dijo—Ya es hora de ir terminando para prepararnos para ir a la cama. ¿Te lavaste las orejas?

¡Christian negó con la cabeza y las burbujas volaron por todas partes! Ella soltó una risita—Oops, mami, lo olvidé—y dijo—Pensé que tu ibas a hacerlo.

—No, cariño. Recuerda, tu tienes que lavarte ahora—mamá suavemente le recordó a Christian,—No necesitas que nadie más te bañe porque ahora eres una niña grande, ¿verdad?

A Christian le gustó que mamá la llamara una niña grande. ¡Se sentía como una niña grande!—Eso es cierto, mamá—dijo.

Mamá sonrió, estaba muy orgullosa de que Christian lo recordara—Está bien—ella dijo—¿Qué más recuerdas acerca de la hora del baño?

Christian pensó por un momento—Que mantengamos la puerta cerrada para que nadie me pueda ver en la bañera, ¿verdad?—le preguntó a mamá.

Mamá sonrió—Muy bien, Christian—ella dijo—Protegemos tu privacidad.

—¿Y nadie debería tocar mi privacidad, no es cierto, mamá?—preguntó Christian.

—Así es, Christian—dijo mamá,—¿Alguien ha tratado de tocar tu privacidad?

Christian se sentó derecha—No—dijo con voz muy segura,—Porque si lo hicieran, gritaría realmente fuerte y diría—¡NO! ¡NO TOQUEN MIS PRIVACIDADES! Me escaparía y le diría a mamá y a papá.

—Muy bien, Christian—Mamá dijo—No tienes que dejar que nadie te haga nada que no quieras. Recuerda siempre respetar tus límites. Mami agarró la esponjosa toalla de baño de Christian y se la tendió —Vamos, vamos,—dijo—salgamos de la bañera y prepárate para la cama.

Christian se envolvió en su toalla de baño y caminó con su mamá a su habitación. Se puso el pijama mientras mamá se sentaba en la mecedora al lado de la cama de Christian. Christian ya estaba vestida y abrigada y se subió al regazo de mamá.

—Mami, ¿qué significa honrar tus límites?—preguntó Christian.

Mamá miró directamente a los ojos de Christian. Estaba a punto de decirle algo muy importante y ella quería asegurarse de que Christian escuchara—Significa que tus sentimientos importan—ella dijo—Y que si no te gusta algo que alguien está haciendo, puedes usar tu voz y decirles que se detengan. O que si alguien te pide que hagas algo que no se siente bien, puedes decir que no.

Christian pensó en eso por un minuto,—¿Alguien cómo un extraño?—preguntó.

—Puede ser un extraño—respondió mamá—O puede ser alguien que conoces. Incluso familia. Por ejemplo, si alguien te pide un abrazo y no quieres abrazarlos, simplemente puedes decir "No, gracias".

Christian se acurrucó en los brazos de mamá,—¿Cómo lo hice hoy?—preguntó.

—Tal como lo hiciste hoy—mamá respondió—Si no quieres abrazar o besar a alguien, no tienes que hacerlo. Recuerda siempre…

Y juntas, mamá y Christian dijeron—¡Honra tus límites!

¡KNOCK! ¡KNOCK! ¡KNOCK!

Había alguien en la puerta.

—¿Quién es?—preguntó Christian.

—¡Los hombres Houston!—resonó la voz de papá.

Christian y mamá juntaron sus cabezas y soltaron una risita.

—¡Somos nosotros, Christian!—llamó David desde afuera—Hemos venido a decirte buenas noches.

—¿Pueden entrar a tu habitación, Christian?—preguntó mamá. Quería asegurarse de que Christian supiera que su habitación era un lugar privado y que ella podía elegir a quién se le permitía entrar.

Christian arrugó la nariz como si estuviera pensando mucho, luego sonrió—¡Sí, pueden entrar!—y soltó una risita.

Joshua abrió la puerta, asomó la cabeza por la habitación y preguntó—¿Ya leyeron su cuento?

Mamá miró a Christian y compartieron una sonrisa—Nos saltamos el cuento esta noche y tuvimos una charla de chicas en cambio—dijo mamá.

Papá y los niños entraron a la habitación—De acuerdo—dijo papá—digamos nuestras oraciones.

Christian y mamá se tomaron de las manos y papá puso sus manos sobre los hombros de Joshua y David. Todos oraron juntos y pensaron en todas las cosas por las cuales estaban agradecidos. Mamá dio a Christian un gran abrazo y también papá.

—Buenas noches, Christian—dijeron Joshua y David. Los niños se adelantaron para darle un abrazo a Christian.

Christian extendió su mano frente a ella y de una manera muy firme y muy educada dijo—No hay abrazo, por favor.

David le dio un codazo a Joshua con el hombro,—Christian debe estar aprendiendo sobre los límites como lo hacíamos cuando eramos pequeños—dijo.

—¡Oohh, sí!—Joshua soltó una risita.

—Así es, muchachos—dijo papá,—Christian está aprendiendo sobre los límites. Y decidió que ella no quiere abrazos esta noche, así que vamos a respetar sus límites, ¿verdad?

—¡Sí! ¡Así es!—dijo Joshua,—Entonces, Christian, no hay abrazo. ¿Qué tal un apretón de manos?—Christian sonrió y negó con la cabeza de un lado a otro. No tenía ganas de un apretón de manos.

—¿Qué tal un choca los cinco?—Sugirió papá. ¡Un choca lo cinco sonaba perfecto para Christian! Ella se rió y levantó la mano tan alto como pudo. Joshua, David y papá se turnaron para darle a Christian los cinco y una sonrisa.

Papá llevó a los niños a su habitación y mamá comenzó a meter a Christian en la cama. Christian sintió que quería un abrazo de mamá.

—¿Puedo abrazarte, mami?—preguntó Christian.

Mamá sonrió, estaba feliz porque Christian estaba siendo respetuosa de los límites de alguien,—Por supuesto que puedes—ella respondió.

—Buenas noches, mamá—dijo Christian.

—Buenas noches, Christian—Dijo mamá—Mami te ama.

Fin

"Escucha el consejo, y recibe la corrección, para que seas sabio en tu vejez."

Proverbios 19:20

Los Houston residen en Houston, Texas y se embarcaron en una misión para educar, inspirar y servir a su comunidad.

Por favor visite www.livinglifewiththehoustons.com para unirse a nuestra comunidad. Déjenos saber que su opinión, dudas y oportunidades de colaboración en contact@livinglifewiththehoustons.com

¡Únase a nuestro newsletter hoy para recibir una sorpresa gratis de David y Joshua!

Siga disfrutando de historias divertidas con otros libros de la colección "Las aventuras de David y Joshua" y "Las crónicas de Christian Grace".

Para pedidos al por mayor o firma de originales por favor visite nuestra web.

www.ingramcontent.com/pod-product-compliance
Lightning Source LLC
LaVergne TN
LVHW072128070426
835512LV00002B/43